Editorial

Die Publikationsreihe *Per EduArt. Kunstpädagogische Materialien für Studium und Schule* möchte Reflexionsräume für und zwischen Akteur:innen der (Kunst-) Lehrer:innenbildung eröffnen, anbieten und differenzierend verbinden. Die Reihe *Per EduArt* besteht aus thematischen Heften, die am Institut für das künstlerische Lehramt der Akademie der bildenden Künste Wien im Rahmen der interuniversitären Plattform künstlerisches Lehramt *EduArtMusic* herausgegeben werden.

Per EduArt richtet sich an Studierende im (künstlerischen) Lehramt, Lehrer:innen, Berufseinsteiger:innen, Mentor:innen, Lehrende an den Universitäten und Hochschulen, Forschende in den künstlerisch-gestalterischen Unterrichtsfächer und ebenso an Schulleiter:innen, Lehrer:innen-Bildner:innen und Akteur:innen benachbarter Felder und Disziplinen sowie an eine interessierte Öffentlichkeit.

Die Beiträger:innen der Einzelhefte in der Reihe *Per EduArt* kommentieren und moderieren in ihren Texten verschiedene Formen und Ebenen von Übergängen, etwa zwischen Studium und Berufseinstieg, zwischen Theorie(n) und Praxis/Praxen, zwischen Universität und Schule, zwischen Fachdidaktik, Kunstdidaktik und Vermittlung. Die Beiträge verbinden dabei wissenschaftlich-künstlerische Diskurse mit Fragen, Befunden und Positionen aus der schulischen und für die schulische Praxis und den entsprechenden relevanten Handlungs- und Theoriefeldern.

Wir danken an dieser Stelle den Autor:innen für ihre Beiträge, die relevante Impulse für die künstlerisch-gestalterischen Unterrichtsfächer geben. Unser Dank gilt auch der Akademie der bildenden Künste Wien für die Co-Finanzierung.

Grit Oelschlegel, Elisabeth Sattler
Wien 2023

Per EduArt. Kunstpädagogische Materialien
für Studium und Schule

Heft 4

Hg.:
Grit Oelschlegel
Elisabeth Sattler

ISBN: 978-3-946320-44-9 (Print); 978-3-946320-45-6 (Online)

Luise Kollars, Hans Krameritsch, Anna Pritz

Benoten und Beurteilen im künstlerisch-gestalterischen Unterricht der Sekundarstufe.
Herausforderungen und Spielräume für (in Ausbildung befindliche) Lehrer:innen

fabrico verlag

Abstract

In den künstlerisch-gestalterischen Unterrichtsfächern *Kunst und Gestaltung* sowie *Technik und Design* werfen Fragen der Beurteilung und Benotung in der Ausbildung wie in der Unterrichtspraxis spezifische Di- oder Polylemmata auf. Der vorliegende Beitrag öffnet den Problemkontext rund um Beurteilen und Benoten, erkundet sowohl Fachspezifika als auch rechtliche Grundlagen und erarbeitet so u.a. eine disziplingeschichtliche Annäherung an Herausforderungen wie auch an Spielräume für (in Ausbildung befindliche) Lehrer:innen der Sekundarstufe.

Schlüsselwörter

Benoten, Beurteilen, Professionalisierung, künstlerisch-gestalterischer Unterricht

Inhaltsverzeichnis

Luise Kollars, Hans Krameritsch, Anna Pritz

Benoten und Beurteilen im künstlerisch-gestalterischen Unterricht der Sekundarstufe. Herausforderungen und Spielräume für (in Ausbildung befindliche) Lehrer:innen

Im Kunstunterricht benoten?

> *[...] aber ich habe das totale Problem mit der Bewertung der künstlerischen Leistung.*
>
> (DR0000_0192, Zeile 406)

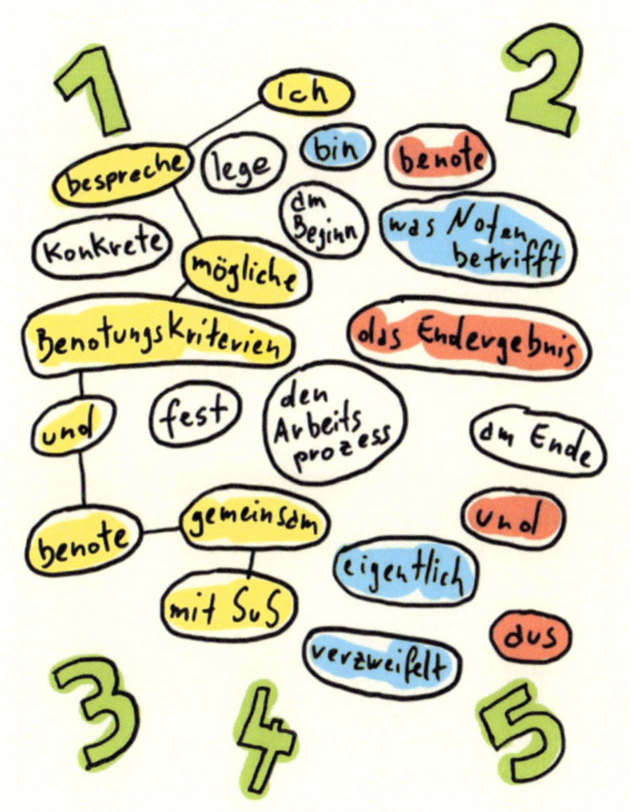

Gerade in den künstlerisch-gestalterischen Unterrichtsgegenständen[1] scheint der Prozess des Benotens mit Zweifel und großem Unbehagen verbunden zu sein. Dies zeigte sich auch in Interviews mit Fachkolleg:innen, die am Institut für das künstlerische Lehramt der Akademie der bildenden Künste Wien geführt wurden.[2] Basierend auf darin enthaltene Aussagen zum Prozess der Benotung als Teil von Unterrichtsarbeit nähern wir uns der Frage an, welcher Handlungsrahmen sich für die individuelle Beurteilungs-, Bewertungs- und Benotungspraxis von Lehrpersonen im Fach *Kunst und Gestaltung (KuG)* aus dem Spannungsfeld zwischen verpflichtenden rechtlichen Vorgaben und (kunst-)pädagogischem (Selbst-)Verständnis ergibt. Dazu sichten wir die österreichische Gesetzeslage, konsultieren Beispiele aus der fachdidaktischen Literatur und verweisen damit auch auf Schwierigkeiten und Ambivalenzen im entsprechenden Lehrer:innenhandeln. Dieser Text zeigt zudem Spielräume für die Entwicklung einer individuellen Benotungspraxis auf und regt zur kunst- und fachgemäßen Auseinandersetzung mit dem Thema an, die durchaus lustvoll sein kann. Die in den Text eingebetteten Grafiken und Aktionsfelder sollen die Auseinandersetzung mit dem Thema unterstützen. Sie visualisieren ausgewählte Aspekte und eröffnen das spannungsreiche Feld um Benotungspraxen im Kunstunterricht.

Schule bietet Schüler:innen Anlässe, (soziale) Strukturen und explorative Spielräume für ihre Bildungsprozesse. Im österreichischen Schulsystem ist eine durchgehende Leistungsmessung in der Schule gesetzlich verankert (§ 18 SchUG).[3] Damit ist Schule als Teilsystem der Gesellschaft – aktuell eben der sogenannten Leistungsgesellschaft – untrennbar mit Benotung und damit ebenfalls mit normativen Vorgaben verbunden. Insofern kann es kaum überraschen, dass vor allem mit Benotungsprozessen im Fach *Kunst und Gestaltung* – welches oft mit Kreativität, künstlerischer

1 Mit dem Schuljahr 2023/24 werden in Österreich die Unterrichtsgegenstände *Bildnerische Erziehung* in *Kunst und Gestaltung (KuG)* sowie *Technisches und textiles Werken* in *Technik und Design (TuD)* umbenannt. Im Text verwenden wir die neuen Fachbezeichnungen.

2 Hierbei handelt es sich um eine explorative Interviewstudie, in der 18 Expert:innen aus dem Feld der fachdidaktischen und schulpraktischen Ausbildung von Lehramtsstudierenden für die Unterrichtsfächer *Bildnerische Erziehung* und *Technisches und textiles Werken* 2019/20 befragt wurden.

3 Öffentliche Schulen und Schulen mit Öffentlichkeitsrecht in Österreich bewegen sich bei der Leistungsmessung und -bewertung im Rahmen von Schulorganisationsgesetz (SchOG), Schulunterrichtsgesetz (SchuUG), Leistungsbeurteilungsverordnung und Lehrplänen der Unterrichtsgegenstände.

Freiheit und Widerständigkeit beispielsweise gegen etablierte Strukturen assoziiert wird – häufig ein Unbehagen bei Lehrer:innen und Schüler:innen einhergeht. Besonders herausfordernd scheint dabei die Benotung von künstlerisch-gestalterischen Leistungen, wie beispielsweise Zeichnungen, Performances und Installationen zu sein.

> *Ich würde einen großen Unterschied sehen zwischen dem, was jetzt eine künstlerische Praxis ist, wo Leute eigene Erzeugnisse hervorbringen. Ich sehe das nicht unbedingt als Kunst, aber ich sehe es als Effekt von künstlerischem Handeln in der Schule und ich glaube, dass es unglaublich schmerzhaft ist, dafür beurteilt zu werden, und dass das extrem viel in einer Subjekt-Formation kaputt machen kann. Zugleich ist Schule, ob man will oder nicht, ein kompetitiver Raum [...].* (DR0000_0209, Zeile 730–758)

In den künstlerischen Lehramtsstudien wird das Feld von Beurteilung und Notengebung, das sowohl (schul-)pädagogisch wie auch fachdidaktisch relevant ist, kaum thematisiert, ja fast tabuisiert.

> *[...], aber das habe ich auf der Uni auch nicht gelernt, also damals hat es das auch nicht gegeben in einer Lehrveranstaltung, da ist man dann relativ allein konfrontiert in dem Fach, [...]*
> (DR0000_0184, Zeile 701–703)

Studierende berichten davon, während ihres gesamten Studiums vom *how to* nichts gehört zu haben (vgl. Friedrich/Heim 2019: 886). »Im Studium wird dieses Thema aus den ›Niederungen der Praxis des Kunstunterrichts‹ gemieden bzw. ignoriert« (Peez 2004: 4–5), so analysiert Georg Peez.

Das folgende Koordinatensystem ist ein Versuch, die X-Achse, in Repräsentation der Schulrealität, mit der Y-Achse — einer transparenten, gerechten und allen Beteiligten entsprechenden Beurteilung — zu kombinieren. Die angeführten Begriffe sind Anregungen und können ergänzt, nachrecherchiert und/oder gestrichen werden. Als Beispiel ist das in der Praxis oft zu findende »Evidenzurteil« (siehe unten) bereits im System verzeichnet. Wie würden Sie Ihr Beurteilungsverfahren verorten?

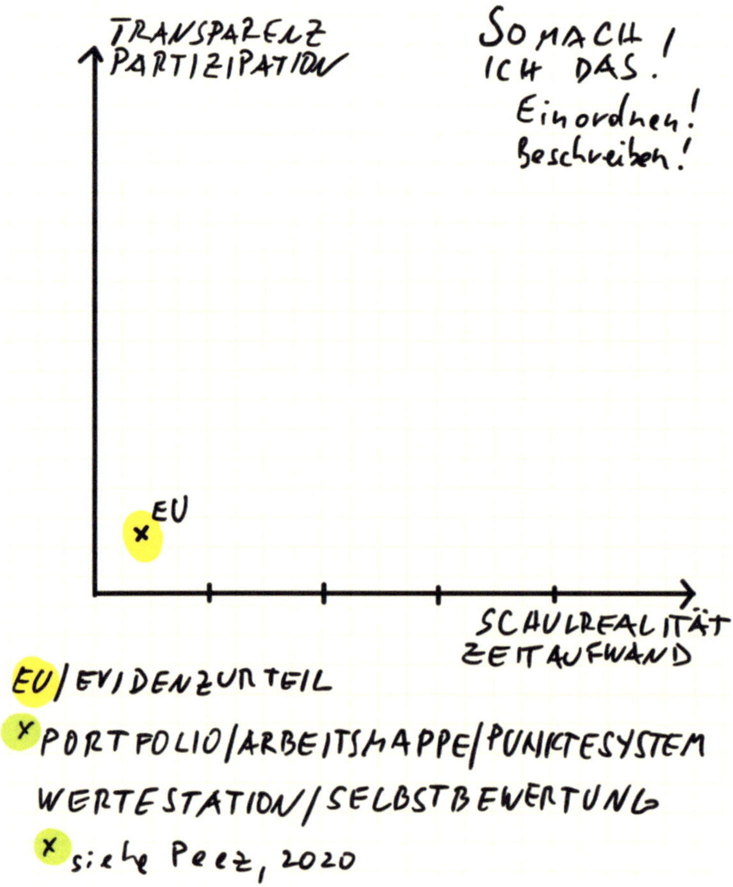

Im weiteren Verlauf des Beitrags wird darauf eingegangen, welche Perspektiven sich als hilfreich erweisen können, um über erste Differenzierungen auf dem Weg zu transparenteren Benotungsprozessen nachzudenken (Kap. 1). Danach nehmen wir die rechtliche Lage und die sich daraus ergebenden Spielräume für die eigene Beurteilungs- und Benotungspraxis in den Blick (Kap. 2), um schließlich zur Fachspezifik (zurück) zu kommen (Kap. 3).

1. Hilfreiche Perspektiven und Einordnungen

1.1 Begriffliche Differenzierungen

Eine erste Hilfestellung kann eine Differenzierung zwischen den oft synonym verwendeten Termini Beurteilen, Bewerten und Benoten geben, da damit bereits die Vielfältigkeit dieser durch die schulischen Routinen und Praktiken verordneten Aufgabe von Leistungsbewertung und Leistungsmessung sichtbar wird. Georg Peez (2020 [2008]) bietet dafür eine grundlegende Unterscheidung: »Im Wort ›Beurteilung‹ klingt die eingehende, gewissenhaft abwägende Begründung für eine Meinungsäußerung durch; mit ›Beurteilung‹ ist der Prozess der Urteilsfindung gemeint. Das Wort ›Bewertung‹ legt das Gewicht tendenziell stärker auf das Ergebnis eines längeren Beurteilungsprozesses.« (Peez 2020: 11)

Während mit Beurteilen ein Prozess beschrieben wird, in dem ein Urteil gefunden werden soll, ist mit dem Bewerten der Moment gemeint, wo nach diesem Findungsprozess einer Leistung, dem Produkt etc., ein Wert zugesprochen wird.

Peez argumentiert, dass Benoten auf der anderen Seite dieser Denkfigur steht: Denn einer komplexen, über einen Prozess dauernden Leistung einen Zahlenwert zuzuordnen und damit auf einen Ziffercode zu reduzieren, ist eine radikale Methode zum Abschluss eines Einschätzungs- und Beurteilungsprozesses, der sich in kaum einem anderen gesellschaftlichen Subsystem finden lässt (vgl. ebd.).

1.2 Produkt- und prozessorientierte Beurteilung und Bewertung

Leistungsbewertung darf kein Selbstzweck sein, sondern soll grundsätzlich dazu dienen, individuelle Bildungsprozesse von Schüler:innen zu fördern. Ausgehend von Gedanken positiver Verstärkung und lernförderlichem Feedback, scheint es lohnend, den Blick vor allem auf das Beurteilen und Bewerten zu richten, um aus pädagogischer Perspektive einen »Beitrag zur Stärkung der Person zu erbringen« (Esslinger-Hinz 2011: 135).[4] Zentral ist dabei, dass das Schüler:innenhandeln und nicht das Produkt (z.B. ein Gestaltungsentwurf), also nicht der ›Outcome‹, bewertet wird. So rückt der gesamte Arbeitsprozess, der zu dessen Entstehung geführt hat, im Bewertungsprozess (zumindest) gleichwertig in den Blick. Damit erweitert sich das ohnehin komplexe Feld von gestaltungsbezogenen Kriterien um prozessbezogene Kriterien, die in eine Beurteilung und Bewertung miteinzubeziehen sind.

Entlastend kann dabei für Lehrer:innen und Schüler:innen wirken, wenn Lern- und Leistungsräume voneinander getrennt werden und im Arbeitsprozess nicht jede Einzel- oder Teilleistung beurteilt werden muss bzw. beurteilt wird. In langen Arbeitsphasen können die Schüler:innen formatives Feedback[5] in Form von differenzierten schriftlichen oder mündlichen Kommentaren erhalten.

4 Als stärkende Faktoren kommen beispielsweise Könnenserfahrungen, Selbstwirksamkeitserfahrungen, Erkenntnisse über Zusammenhänge zwischen Anstrengungsbereitschaft und Arbeitsergebnis sowie die Motivation weiter zu lernen und Anstrengung zu erbringen in den Blick.

5 Formatives Feedback sowie formative Beurteilung und Bewertung bedeuten zielgerichtete, aufgaben- und kriterienbezogene individuelle Rückmeldung, die an der Vorleistung der Lernenden ansetzt und von ihnen für den weiteren Lernprozess genutzt werden kann; formative Verfahren sind abzugrenzen von summativen Beurteilungs- und Bewertungsverfahren, die darin bestehen, das Lernen und die Leistung der Schüler:innen durch Vergleich mit einem Standard oder Vergleichsmaßstab (Punktekatalog, Bewertungseinheiten usw.) zu bewerten und ihnen so eine Rückmeldung über ihren Lernerfolg zu geben.

1.3 Zur Objektivität von Beurteilungs- und Bewertungsprozessen

Beurteilungen sollen sachlich, gerecht und so objektiv wie möglich sein. Das ist nicht nur pädagogischer oder individueller Anspruch von Lehrenden, sondern in der Leistungsbeurteilungsverordnung (vgl. § 11 Absatz 2 LBV) – die in Österreich die Leistungsfeststellung und Leistungsbeurteilung auf gesetzlicher Grundlage von § 18, 20, 21 und 23 des Schulunterrichtsgesetzes (SchUG) in der Schule regelt – verankert.

Auch Lehrende im Unterrichtsgegenstand *Kunst und Gestaltung* stehen jeweils neu vor der Herausforderung, mit Benotung professionell umgehen zu müssen. Da Leistungen jedoch an sich nicht *gut* oder *weniger gut* sind, verlangt dies von Lehrkräften eine bewusste, flexible und reflektierte Berücksichtigung unterschiedlicher Bezugsnormen von Leistungsmessung und -bewertung (individuelle, soziale, fach- und sachbezogene) sowie eine flexible Differenzierung im Umgang mit Lernzielen, Lernzeiten, Materialien, Lernquellen, Technologien / Techniken, Sozialformen, Übungs- und Präsentationsformen usw.

Urteile und vor allem Noten sind jeweils zu begründen, d.h. jedoch nicht, dass alle Schüler:innen und ihre Leistungen bei der Beurteilung den gleichen Kriterien bzw. Maßstäben unterliegen müssen. Ein gängiges Beispiel für die Beurteilung und Bewertung in *Kunst und Gestaltung* ist das so genannte Evidenzurteil, dabei beurteilt die Lehrperson eine künstlerische Arbeit spontan nach eigenem ästhetischem Empfinden und ›Gefühl‹, wobei sie dieser Bewertung »einen intersubjektive[n] Anspruch auf Allgemeingültigkeit unterstellt« (Peez 2020: 18). Peez sieht das eigentlich Problematische an dieser Beurteilungsform wie folgt: »Es ist weniger die Subjektivität der Bewertung als vielmehr die fehlende Transparenz, die Nicht-Begründbarkeit des Spontan-Urteils sowie, dass Kunstunterricht bestimmte kunsterzieherische Absichten verfolgen sollte, die bei diesem Bewertungsverfahren kaum in die Überlegungen fließen.« (Peez 2020: 18)

Lehrende sind also auf- und herausgefordert, mit ihrer eigenen Subjektivität im Prozess von Beurteilen und Bewerten (selbst-)bewusst und aktiv umzugehen.

Transparenz und damit auch Nachvollziehbarkeit für Schüler:innen kann ein Schlüssel am Weg zu einem gelingenden Beurteilungs- und Bewertungsprozess sein.

1.4 Kriteriengeleitete und partizipative Beurteilungs- und Bewertungsverfahren

Alternativen zum Evidenzurteil bieten beispielsweise kriteriengeleitete Bewertungsverfahren. Diese zeichnen sich durch vorab bestimmte Kriterien bzw. Kategorien und Punktesysteme aus, nach welchen die Leistungen von Lernenden gemessen werden. Auf den ersten Blick scheint dieses Verfahren eine solide Lösung für gelingende Beurteilung zu sein, doch Peez argumentiert: »Je mehr Lernziele, desto schwieriger und undurchschaubarer wird die Methode; [d]ie übergreifenden, ästhetischen Gesichtspunkte (Dynamik, Originalität, Komposition etc.) fehlen häufig; [d]ie objektiv erscheinenden Kriterien können auf den zweiten Blick sehr diffus und nur schwer nachvollziehbar sein […]; [e]ine Anerkennung individueller Leistungsverbesserungen findet nicht statt.« (Peez 2008: 1–2)

Kombiniert mit partizipativen Methoden der Leistungsbeurteilung und -messung können jedoch kriteriengeleitete Bewertungsverfahren zu einem für alle Beteiligten weniger ›unbehaglichen‹ Beurteilungsprozess beitragen. Wenn transparent(er) wird, warum der Unterricht so und nicht anders durchgeführt und gestaltet wurde und wie und warum eine Bewertung von Schüler:innenleistungen daraufhin so und nicht anders erfolgte, kann überhaupt erst von einem pädagogisch bedeutsamen Beurteilungsprozess gesprochen werden.

Dazu sind Kriterien zu bestimmen und didaktisch so aufzubereiten, dass sie schlüssig und verständlich im Sinne von Transparenz kommuniziert werden können. Im besten Falle werden diese Kriterien jeweils aufgabenspezifisch gemeinsam mit den Schüler:innen besprochen bzw. erarbeitet.

> *Ich muss meine Aufgabenstellung so formulieren, dass sie auch nachvollziehbar ist [...], aber wenn ich das vorher nicht kommuniziere, dann kann ich nicht sagen, das ist jetzt eine schlechte Note.*
> (DR0000_0184, Zeile 694–710)

So könnte z.B. in der fünften Schulstufe beim Thema »Chamäleon im Blätterwald« gemeinsam besprochen werden, wie viele unterschiedliche Grüntöne zumindest gemischt werden sollen; wie groß das Tier in Bezug auf das Gesamtformat sein soll; wie Überschneidungen zu einer Tiefenwirkung des Bildes beitragen können; dass neben der Farbigkeit auch die Anpassung der Formen zum augenscheinlichen Verschwinden des Tieres in der Umgebung führen; usw. Dabei empfiehlt es sich — besonders bei jüngeren Schüler:innen — Kriterien nach Prioritäten, etwa in ›unbedingte‹ und ›weitere Kriterien‹[6] zu ordnen. Auf diese Weise gemeinsam entwickelte und schriftlich festgehaltene Gestaltungsaspekte können zu einer nachvollziehbaren, weil kriteriengeleiteten Beurteilung führen.

Da viele Faktoren und Aspekte gleichzeitig zu berücksichtigen und in Beziehung zu setzen sind, bleiben Beurteilungs- und Bewertungsprozesse jedoch generell herausfordernd. Wesentliche Perspektiven für eine Bewertung künstlerischer Leistungen können z.B. die gestalterische, technische oder inhaltliche Umsetzung einer Aufgabe sein. Diese ›groben‹ Kategorien können, wie im Beispiel oben, mit konkreten Beurteilungs- und Bewertungskriterien untersetzt werden, die sich aus der jeweiligen Aufgabenstellung und der Gestaltung des Unterrichts ableiten und sich im Umkehrschluss darin auch wiederfinden lassen.

6 Eine Kontextualisierung der Thematik im Sinne der Lebenswelt von Schüler:innen (Artensterben, Klimawandel etc.), bietet sich hier an, muss bei der Beurteilung aber nicht unbedingt eine maßgebliche Rolle spielen.

Bei Beurteilung und Bewertung als partizipative Prozesse können verschiedene Verfahren und Methoden hilfreich sein: gemeinsame prozessbegleitende Reflexionsrunden; Portfolioarbeit; kriterienbasierte Selbst- und Fremdbeurteilungsbögen; Feedbackrunden bei kollaborativen Arbeitsweisen, wie etwa Gruppenarbeiten; gegenseitige Beurteilung von künstlerischen Leistungen; Arbeitsdokumentationen, z.B. in Form von künstlerischen Tagebüchern usw. Auf diese Weise wird durch die Lerner:innen-Gruppe oder Klasse als Korrektiv auch Verbesserungs- bzw. Entwicklungspotenzial aufgezeigt.

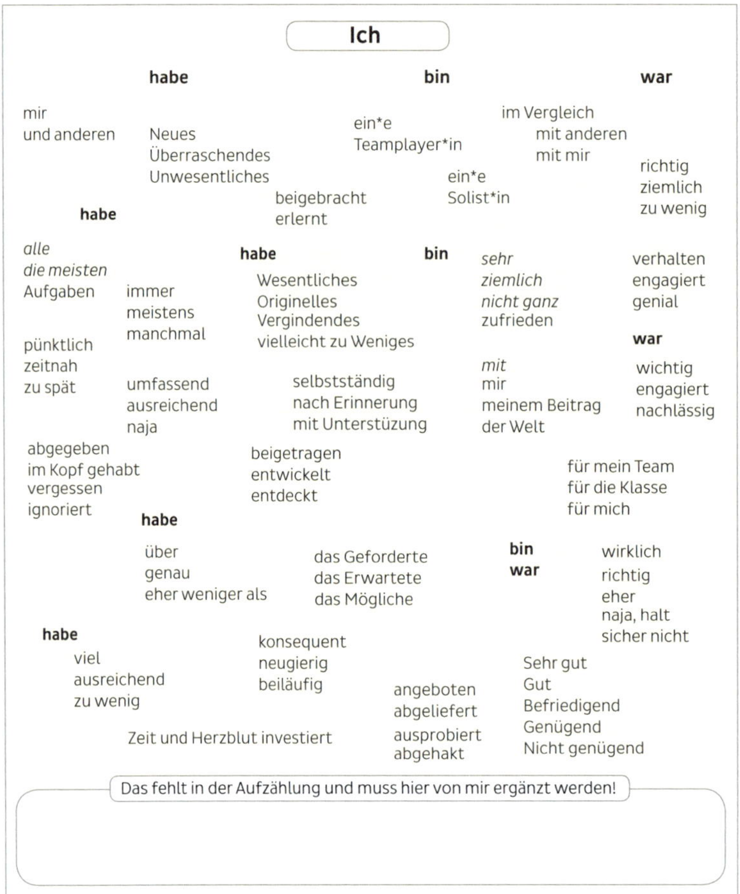

Die nebenstehende Grafik versteht sich als Anregung für Lehrende und Lernende, um (eigene) Leistungen prozessorientiert selbst zu reflektieren und zu bewerten.

1.5 Funktionen der Ziffernnoten

»Die Ziffernzensur ist die quantifizierende Reduktion einer Leistungsbewertung am Ende eines Beurteilungsprozesses auf eine Zahl.« (Peez 2020: 11) Im schulischen Alltag sind die Prozesse der Beurteilung und Bewertung und die daraus resultierenden Ziffernnoten bei allen beteiligten Akteur:innen stets präsent.

> *Ich habe immer versucht zu vermeiden, dass die Kids zu Notenjunkies werden. […] Die stehen dann vor dir und wollen jetzt wissen: Ist das jetzt schon ein Sehr gut oder muss ich da noch zeichnen, dass es ein Sehr gut wird?* (DR0000_0206, Zeile 1191–1194).

Die Ziffernnoten sind im österreichischen Schulsystem ein konstitutives Element der Leistungsmessung und nicht zuletzt ein vereinheitlichter, lesbarer Code, der über die Qualität des Erfolgs (und/oder Misserfolgs) in einem bestimmten Zeitraum Auskunft geben soll. In Form einer positiven Benotung manifestiert der Code die Berechtigung, in die jeweils nächsthöhere Schulstufe aufzusteigen. Noten attestieren schließlich beim positiven Abschluss der Schullaufbahn – mit den damit je verbundenen spezifischen Privilegien – die Voraussetzung, um in einen nächsten vorgesehenen Bildungsabschnitt überzutreten. Wenn Schule als Institution traditionell die Aufgabe hat, Kinder und Jugendliche darin zu begleiten, sich in der Gesellschaft als leistungsfähige Subjekte einzufinden (vgl. Keller 2014: 26), dann nimmt nicht zuletzt das Bewerten von Leistung gesellschaftlich wie schulisch einen hohen Stellenwert ein: »Die Zensur ist eine Bewährungsprobe gegenüber fachlichen, pädagogischen, schulrechtlichen und gesellschaftlichen Anforderungen. Die Zensur ist ein Ernstfall der Schule und deshalb fragwürdig. Sie ist für viele ein Ärgernis. ›Zensur‹ ist ein Reizwort […].« (Friedt 1990: 48)

So entsteht eine komplexe Situation, in der Lehramtsstudierende nach Anhaltspunkten suchen, erfahrene Lehrende bereits eine individuelle Benotungspraxis entwickelt haben, die Überprüfung von Kompetenzen bis hin zur teilstandardisierten Reifeprüfung vorgeschrieben ist und bildungspolitische Invektiven – wie das Evidenzurteil – gleichsam als Schlossgespenster im Studien- und Schulalltag herumspuken. Und dabei haben Ziffernnoten Funktionen im Gefüge von Schule und Gesellschaft: Neben der Rückmeldefunktion an die Schüler:innen informieren sie auch die Erziehungsberechtigten. Noten können paradoxerweise der Disziplinierung von Schüler:innen genauso wie als Anreiz und Motivation dienen. Ihnen wird eine Sozialisierungsfunktion zugeschrieben, da Schüler:innen an gesellschaftliche Normen herangeführt werden; nicht zuletzt können sie als Mittel gesellschaftlicher Selektion gelesen werden (vgl. Peez 2020: 12).

Wie steht es um die rechtliche Lage in Österreich und die sich daraus ergebenden Spielräume für die eigene Beurteilungs- und Benotungspraxis von Lehrer:innen?

2. Gesetzliche Handlungsspielräume erkunden

2.1 Gesetzliche Rahmung von Notengebung

Öffentliche Schulen und Schulen mit Öffentlichkeitsrecht bewegen sich in Österreich bei der Leistungsmessung und -bewertung im Rahmen von Schulorganisationsgesetz (SchOG), Schulunterrichtsgesetz (SchuUG), Leistungsbeurteilungsverordnung (LBV) und Fachlehrplänen.

Das SchOG regelt die Pflichtgegenstände in den einzelnen Schularten und bestimmt, was die Fachlehrpläne zu enthalten haben: beispielsweise allgemeine Bildungsziele, Bildungs- und Lehraufgaben der einzelnen Unterrichtsgegenstände und deren didaktische Grundsätze, den verbindlich zu vermittelnden Lehrstoff, die Aufteilung des Lehrstoffes auf die einzelnen Schulstufen sowie die Gesamtstundenzahl und das Stundenausmaß der einzelnen Unterrichtsgegenstände (Stundentafel) (vgl. § 6 Absatz 2 SchOG). Das SchUG gibt mit § 18 vor, welche Leistungen von Schüler:innen beurteilt werden können (1), dass die Bewertung durch eine Ziffernnote zu erfolgen hat (2) und gibt konkrete aufgabenunabhängige Beurteilungs- und Bewertungskriterien vor (3):

> (1) »Die Beurteilung der Leistungen der Schüler in den einzelnen Unterrichtsgegenständen hat der Lehrer durch Feststellung der Mitarbeit der Schüler im Unterricht sowie durch besondere in die Unterrichtsarbeit eingeordnete mündliche, schriftliche und praktische oder nach anderen Arbeitsformen ausgerichtete Leistungsfeststellungen zu gewinnen. Maßstab für die Leistungsbeurteilung sind die Forderungen des Lehrplanes unter Bedachtnahme auf den jeweiligen Stand des Unterrichtes.« (§ 18 Absatz 1 SchUG)

> (2) »Für die Beurteilung der Leistungen der Schüler sind folgende Beurteilungsstufen (Noten) zu verwenden: Sehr gut (1), Gut (2), Befriedigend (3), Genügend (4), Nicht genügend (5). [...]« (§ 18 Absatz 2 SchUG)

> (3) »Durch die Noten ist die Selbständigkeit der Arbeit, die Erfassung und die Anwendung des Lehrstoffes, die Durchführung der Aufgaben und die Eigenständigkeit des Schülers zu beurteilen.« (§ 18 Absatz 3 SchUG)

Die Leistungsbeurteilungsverordnung (LBV) regelt dann auf der gesetzlichen Grundlage des SchUG die Leistungsfeststellung und -beurteilung differenzierter.

Als Ausdifferenzierung in die fünf Ziffernnoten finden sich Definitionen in der Leistungsbeurteilungsverordnung (§ 14 Absatz 1–6 LBV). Wie gut sind Sie damit vertraut?

Folgende zwei Aufgaben zu den beiden Abbildungen:

(1) Welche Note wird hier in der Leistungsbeurteilungsverordnung beschrieben?[7]

(2) Wie würden Sie ein ›Genügend‹ beschreiben?

Welche Note wird hier beschrieben?

Bitte ankreuzen!

Mit ... sind Leistungen zu beurteilen, mit denen der Schüler/die Schülerin die nach Maßgabe des Lehrplans gestellten Anforderungen in der Erfassung und in der Anwendung des Lehrstoffs sowie in der Durchführung der Aufgaben in den wesentlichen Bereichen zur Gänze erfüllt; dabei werden Mängel in der Durchführung durch merkliche Ansätze zur Eigenständigkeit ausgeglichen. (§ 14 Absatz 5 LBV)

- ☐ Sehr gut
- ☐ Gut
- ☐ Befriedigend
- ☐ Genügend
- ☐ Nicht genügend

Beschreiben Sie ein »Genügend« in zwei Sätzen!

Die gesetzliche Rahmung der Notengebung beinhaltet keine konkreten Handlungsrichtlinien oder Parameter, an welchen sich Lehrende im Unterrichtsfach *Kunst und Gestaltung* Schritt für Schritt beim Beurteilen orientieren könnten, jedoch eröffnet sie Spielräume für die Entwicklung und Umsetzung einer didaktisch und pädagogisch fundierten

7 Die Angabe der entsprechenden Ziffernnote findet sich auf Seite 36.

Benotungspraxis durch die Lehrpersonen. Bei der Notenfindung im Fach *Kunst und Gestaltung* sind beispielsweise die »Anlagen« von Schüler:innen zu berücksichtigen (§ 18 Absatz 8 SchUG) ebenso wie die »fachliche Eigenart des Unterrichtsgegenstandes« (§ 20 Absatz 2 SchUG). In den nächsten drei Unterkapiteln widmen wir uns diesen Spielräumen, die sich zwischen gesetzlichen Vorgaben und individueller kunstpädagogischer Konzeption und Praxis eröffnen.

2.2 Spielraum: Anlagen und Leistungswillen

> »Bei der Beurteilung der Leistungen eines Schülers in Musikerziehung, Bildnerischer Erziehung und Werkerziehung (Technisches Werken, Textiles Werken) sowie Bewegung und Sport sind mangelnde Anlagen und mangelnde körperliche Fähigkeiten bei erwiesenem Leistungswillen zugunsten des Schülers zu berücksichtigen. Dieser Absatz gilt insoweit nicht, als einer der genannten Gegenstände für die Aufgabe einer Schulart von besonderer Bedeutung ist.« (§ 18 Absatz 8 SchUG)

Das Gesetz verpflichtet zur Benotung, wobei der zitierte Absatz den Lehrer:innen für die Gegenstände *Kunst und Gestaltung* sowie *Technik und Design* einen wichtigen Spielraum schafft: Sie können in ihrer Beurteilung ›mangelnde Begabung‹ mit Leistungswillen ausgleichen. Wie Leistungswillen bemessen wird, obliegt dem Ermessen der Lehrpersonen.

Wieso betrifft dieser Passus des Gesetzes nicht auch andere Schulfächer? Es scheint doch plausibel, dass Lernende ›Anlagen‹ in den künstlerisch-gestalterischen wie auch in anderen schulischen Gegenständen haben. Wo sich die einen mit Mathematik schwertun, kämpfen andere mit Sprachen. Manchen liegt die Logik der Naturwissenschaften, andere haben einen Hang zu Geschichte. Durch diesen Gesetzesabschnitt wird zwischen jenen Fächern differenziert, die im Beurteilungsprozess individuelle Anlagen berücksichtigen, und jenen Fächern, in welchen eine messbare und vergleichbare Leistung zu zählen scheint. Diese gesetzliche Grundlage gibt Lehrer:innen in den künstlerisch-gestalterischen Fächern den Spielraum, ihre Beurteilung individuell nach den mitgebrachten Voraussetzungen und erwiesenen Bemühungen der Lernenden auszurichten. Dies stellt zwar keine Entlassung aus der Leistungsbeurteilung dar, bietet aber doch ein zusätzliches Maß an Flexibilität und individueller Maßgabe im Umgang mit Beurteilungs- und Benotungsprozessen.

2.3 Spielraum: Eigenart des Unterrichtsfaches

> »Der Beurteilung der Leistungen eines Schülers in einem Unterrichtsgegenstand auf einer ganzen Schulstufe hat der Lehrer alle in dem betreffenden Unterrichtsjahr erbrachten Leistungen (§ 18) zugrunde zu legen, wobei dem zuletzt erreichten Leistungsstand das größere Gewicht zuzumessen ist. [...] Dabei sind die fachliche Eigenart des Unterrichtsgegenstandes und der Aufbau des Lehrstoffes zu berücksichtigen.« (§ 20 Absatz 1 SchUG)

Das SchUG ermöglicht den Lehrenden mit dem Verweis, dass u.a. die »fachliche Eigenart« zu berücksichtigen sei, auch bei der Leistungsbeurteilung gewisse Freiräume. Wie jedes Unterrichtsfach hat *Kunst und Gestaltung* eine bestimmte »Eigenart«, d.h. Spezifik (hinsichtlich Bildungsgehalt, Inhalten, didaktischen Grundsätzen, Methoden, Kompetenzmodellen usw.), die im entsprechenden Lehrplan festgeschrieben ist und nach deren Forderungen sich der Bewertungsprozess im jeweiligen Unterrichtsfach richten soll (vgl.

§ 18 Absatz 1 SchUG). Zur „fachlichen Eigenart" zählen die Verschränkung von Kunst als Sachinhalt und die kreative Gestaltungsarbeit im Unterricht, wie es in den immer wieder zur Debatte stehenden Lehrplänen beschrieben wird. Sogar, dass bildende Kunst widerständige Praxen umfasst, findet sich beispielsweise in der aktuellen Gesetzgebung anerkannt:

Im neuen Lehrplan der Sekundarstufe für *Kunst und Gestaltung* werden die folgenden Zuschreibungen als zentrale fachliche Konzepte benannt:

- Material, Technik und Medien
- Regeln, Regelbrüche und Innovation
- Imagination, Fiktion und Realität
- Form, Funktion und Wirkung

und durch ein Kompetenzmodell mit entsprechenden Kompetenzbereichen unterlegt (Lehrplan des Gymnasiums unter besonderer Berücksichtigung der musischen Ausbildung 2023: 20–21). Als erster Kompetenzbereich findet sich dabei — vor den Kompetenzbereichen »Wahrnehmen und Reflektieren« und »Bildsprachen und Kommunizieren« — die »Bildnerische Praxis« und wird damit als zentral für die Eigenart des Faches *Kunst und Gestaltung* ausgewiesen:

> »Im Mittelpunkt des Unterrichtsgegenstandes steht die bildnerische Tätigkeit der Schülerinnen und Schüler zur Entwicklung und Weiterentwicklung ihres visuellen und ästhetischen Vorstellungs-, Darstellungs- und Ausdrucksvermögens. In der bildnerischen Praxis werden kreative Potenziale aktiviert und sinnlich-ästhetische Zugänge zur Welt ermöglicht. Im eigenständigen Gestalten entwickeln die Schülerinnen und Schüler Verständnis und Gespür für die unterschiedlichen Wirkungen und Absichten bildnerischer Ausdrucksformen.« (Lehrplan des Gymnasiums unter besonderer Berücksichtigung der musischen Ausbildung 2023: 20)

Woran lässt sich die »fachliche Eigenart« von *Kunst und Gestaltung* noch festmachen? Offensichtlich in der Eigenart von Kunst als solcher. Diese bildet sich wie bereits argumentiert mehrfach ab: Sowohl im Sachinhalt des Unterrichts als auch in künstlerisch-kreativen Gestaltungsprozessen im Unterricht und in der Bedeutung von Kunst in den Lebenswelten und Identitäten. Mindestens über diese drei Aspekte spannt sich das subversive und oft widerständige Potenzial bildender Kunst für Schule. Es ist also kaum verwunderlich – und vielleicht sogar produktiv –, dass es Schwierigkeiten bei der Vereinbarkeit des spezifisch leistungsorientierten Teilsystems Schule mit dem anders (leistungs-)orientierten Teilsystem Kunst gibt.

Der mitunter subversive Modus bildender Kunst hat Anteil an der paradoxen Situation, in der innerhalb des institutionalisierten gesellschaftlichen Teilsystems Schule mit system- und institutionenkritischen Inhalten und Mitteln gearbeitet werden kann. Schließlich liegt es in der schulischen Unterrichtspraxis an den Lehrpersonen, situativ mit den Setzungen im Schulunterrichtgesetz und den Vorgaben des Lehrplans umzugehen. Nicht zuletzt sind Lehrende in den künstlerisch-gestalterischen Unterrichtsgegenständen biografisch mit den Künsten und künstlerischen Prozessen unentwirrbar verbunden.[8] Die Erfahrung der Widerständigkeit künstlerischer Arbeit im eigenen Tun und Schaffen der Lehramtsstudierenden kann die komplexen Herausforderungen um Benotung und Bewertung im Gegenstand *Kunst und Gestaltung* verschärfen.[9] So überrascht es wenig, dass Lehrende in Schule die Spielräume des Systems ausschöpfen, da sich insbesondere künstlerisch-gestalterische Unterrichtsfächer in Bezug auf (Noten-)Gerechtigkeit als Raum anbieten, um moralische, ethische und normative (Alltags-)Konflikte im Unterricht verstärkt sichtbar zu machen, zu thematisieren und zu bearbeiten.

8 Kunstuniversitäten verlangen ja bereits im Aufnahmeverfahren für künstlerisch-gestalterische Lehramtsstudien von den Studienbewerber:innen, in ihren Arbeiten die eigene künstlerische Praxis zu präsentieren (vgl. z.B. Akademie der bildenden Künste Wien 2022).

9 Peez' Studie zum Zusammenhang zwischen kunstpädagogischer Haltung und Biografie bestätigt, dass die persönliche Geschichte einer Lehrperson durchaus ihr professionelles Selbstverständnis und ihre Einstellung zum Kunstunterricht prägt (vgl. Peez 2009).

3. Disziplingeschichtlicher Exkurs und aktuelle Handlungsspielräume

3.1 »Zaungäste« – ein disziplingeschichtliches Benotungsbeispiel

> »[...] die Diskussion über Zensuren [kann] nicht inhaltsbezogen bei den Sonderproblemen und -schwierigkeiten eines einzelnen Schulfaches beginnen [...]. Sie enthält so viele allgemeine Aspekte von Schulorganisation und Unterrichtskonzeption, daß jede vorzeitige fachliche Verengung die Gefahr der Verschleierung der ganzen Misere heraufbeschwört.« (Otto 1972: 43)

Als allgemeine Misere positioniert der Kunstpädagoge Gunter Otto bereits in den frühen 1970er Jahren die Notengebung in der Schule. Gunther Otto ortet nicht in der Notengebung in einzelnen Fächern ein Grundproblem, sondern versteht Notengebung als systemische Herausforderung der Institution Schule. Die Debatten, ob Noten das geeignete Mittel einer Rückmeldung an Schüler:innen (nicht nur in den künstlerisch-gestalterischen Fächern) sind und welche Alternativen sich für eine Leistungsmessung anbieten, wurden und werden vielerorts ausgehandelt: Sie wurden und werden in der Literatur (siehe z.B. Friedt 1990; Friedrich/Heim 2019; Kirschenmann/Otto 1998; Peez 2020 [2008]; Wagreich 2013, u.a.) sowie an Schulen, Hochschulen und Universitäten usw. geführt. Durch die Jahrzehnte scheinen die Diskussionen dieselben zu sein, wie eine umfassende Durchsicht der fachspezifischen Zeitschrift *Kunst + Unterricht* der letzten 50 Jahre zeigt.

> »Zensuren sind nicht nur Schülern lästig. Für Lehrer sind sie mindestens immer dann beschwerlich, wenn zensiert werden muss, ohne daß zuvor Un-

sicherheiten ausgeräumt sind, die einem die Schüler hernach als Frage vorlegen könnten: *Was wird zensiert? Mit Hilfe welcher Kriterien wird beurteilt?* Eben diese beiden Fragen werden besonders häufig bei Zensuren im Kunstunterricht gestellt. Nicht ohne Grund: denn die einen, die an der Möglichkeit von *Unterricht* in Kunstfächern zweifeln, dürften eigentlich gar nicht zensieren, und die anderen, die von *Kunstunterricht* reden, müssten in der Lage sein, die Ergebnisse ihres Unterrichts begründet zu beurteilen. Die Diskussion über Möglichkeit und Notwendigkeiten von Zensuren im Fach Kunst führt also unmittelbar ins Zentrum der seit einigen Jahren geführten Didaktikdiskussion. [...] Wir fordern selbst, daß die Kunstzensur in der Schule das Gewicht aller anderen Fachurteile haben sollte. Dieser Forderung hat man lange unsere eigene Ungewißheit und Uneinigkeit darüber entgegenhalten können, was in einem ›gut‹ oder ›befriedigend‹ denn eigentlich bewertet sei.« [Kursivsetzungen im Original] (Helms et al. 1968: 24)

Im Dezemberheft von 1968 untersuchten die damaligen Herausgeber:innen der Zeitschrift *Kunst + Unterricht* die titelgebende brisante Frage »Wie zensiere ich?« an einem praktischen Beispiel. Die Kunstpädagog:innen Wilhelm Ebert, Hermann Ehmer, Gottlieb Mordmüller, Christa Westhäußer und Thomas Zacharias wurden gebeten, einen Klassensatz bestehend aus 20 Schüler:innenarbeiten zum Thema »Zaungäste« zu benoten.[10] Im Folgenden sind hier nun einige dieser Schüler:innenarbeiten reproduziert, um deren Benotung heute erproben zu können. Wie fällt Ihre Benotung aus?[11]

10 Vgl. Helms et al. 1968: 28–33.

11 Die vorgeschlagenen Benotungen von Wilhelm Ebert, Hermann Ehmer, Gottlieb Mordmüller, Christa Westhäußer und Thomas Zacharias finden sich auf Seite 36.

Abb.: Schüler:innenarbeiten zum Thema »Zaungäste« aus Helms et al. 1968: 28–29

4

5

6

11

13

18

19

Blatt	Note*
4	
5	
6	
11	
13	
18	
19	

*Bitte Note eintragen!

Wenn diese Beispiele auch über 50 Jahre alt sind, so belegen sie für uns als Lehrende in den 2020er Jahren die oben genannte und bis heute aktuelle Komplexität in Sachen Notengebung: Welche Leistungs- und Beurteilungskriterien legen wir fest? Welche Benotung folgt daraus?

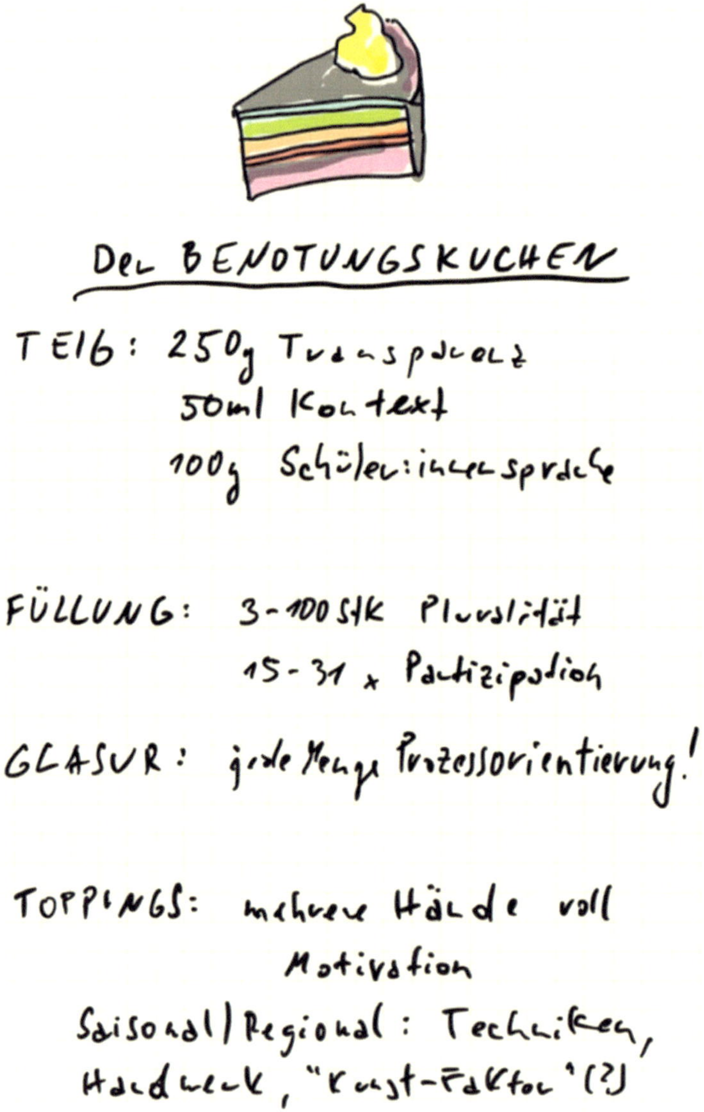

3.2 Unterwegs zu einer kontextbezogenen, transparenten und multidimensionalen Benotungspraxis

> *Ich habe einen Umgang gefunden damit, weil am Ende des Jahres gibt es halt ein Zeugnis und du musst halt Noten vergeben, [...]* (DR0000_0184, Zeile 694–695)

Lehrende im Unterrichtsgegenstand *Kunst und Gestaltung* stehen jedenfalls vor Herausforderungen, die ein professionell-reflektierter Benotungsprozess mit sich bringt. In diesem Text wird der Versuch unternommen, aus gesetzlichen Grundlagen, Lehrplan und fachdidaktischer Literatur relevante Zugänge zusammenzutragen, um die Thematik Beurteilung und Benotung im künstlerisch-gestalterischen Unterricht differenzierter betrachten und verhandeln zu können. Wenn beispielsweise der kollegiale Austausch über Benotungsprozesse stärker in den Fokus von Lehrpersonen rückt, dann können kollektive Strategien, das ›Ausprobieren‹ von kollegialem Feedback oder gemeinsame Reflexionsarbeit wertvolle Ressourcen darstellen.

Wie könnten Lehrer:innen des Unterrichtsfaches *Kunst und Gestaltung* Beurteilungs- und Benotungsprozesse nun strukturieren? Peez (2008) schlägt vier Gütekriterien für Bewertungssysteme im Kunstunterricht vor: Kontext, Transparenz, Motivation und Pluralität.

»1. Kontext: Die Methode sollte kontext- bzw. situationsangemessen sein, z.B. hinsichtlich der Aufgabenstellung oder der Besonderheiten der jeweiligen Schulklasse.
2. Transparenz: Die Entscheidungsfindung sollte für die Schülerinnen und Schüler verständlich und durchsichtig sein.
3. Motivation: Die Ermutigung ist dem pädagogischen Ethos geschuldet. Demotivation und Kränkung sind keine adäquaten Erziehungsmittel der Schule.

4. Pluralität: Gemäß dem hier Geschriebenen sollte man nicht immer nur eine Bewertungsmethode anwenden, sondern verschiedene Verfahren — auch künstlerischer Urteilsbildung — ausprobieren.« (Peez 2008: 3)

Diese Gütekriterien können als Orientierungsrahmen für Beurteilungen und Benotungen im Unterricht einen Raum jenseits enger Maßstäbe oder starrer Erwartungshaltungen eröffnen. Unvorhergesehenes und Überraschendes von Schüler:innen hat darin ebenso Platz wie die Entscheidung, Arbeitsprozesse und entstandene Produkte zumindest gleichwertig zu berücksichtigen. Geben Lehrer:innen Schüler:innen zudem differenziertes Feedback zu (Zwischen-)Ergebnissen, Lernfortschritten und nächsten Schritten für den weiteren Arbeitsprozess und berücksichtigen dabei die Vorleistungen und die individuellen Entwicklungen der einzelnen Schüler:innen, können diese im besten Fall mehr Verantwortung für ihr eigenes Lernen übernehmen.

Dabei ist wichtig zu erkennen, dass Bewertung und Beurteilung weder durchgehend notwendig noch durchgängig möglich sind: Es gibt im Unterricht Sequenzen und Aufgaben, die sich einer Notengebung entziehen und dennoch wesentlich für das Unterrichtsgeschehen sind. Solche Räume, in denen ohne Leistungs- und Bewertungsdruck gearbeitet wird und in denen Schüler:innen etwas Eigenes hervorbringen können, sind auf andere Weise wertvoll.

Unter anderem die Berücksichtigung der oben angeführten Gütekriterien nach Peez (2008), aber auch die Kenntnis der Gesetzeslage oder der fachdidaktischen Diskurslagen um Benotung können zu einer kontextbezogenen, transparenten, multidimensionalen Notengebung beitragen. So kann im besten Fall ein selbstreflexiver Beurteilungsprozess auch die (kunst-)pädagogische Arbeit motivieren und unterstützen.

Nachdem wir bislang nach den Subjekten des Lernens der Gegenwart — den Schüler:innen — gefragt haben, fragen wir abschließend und als Ausblick nach (anderen) ›Subjekten‹ des Lernens der (gegenwärtigen) Zukunft. Denn Systeme, die auf AI-Algorithmen und -Strukturen[12] beruhen, werden bereits heute häufig mit Bezugnahme auf Lernen, Denken, Kreativität (vgl. Europäisches Parlament 2021) oder sogar orientiert an der Erforschung von Mechanismen des intelligenten menschlichen Verhaltens (vgl. Wichert 2000) beschrieben.[13] Der Status von AI-Systemen erfordert einen anderen Zugriff auf Fragen von Bildsamkeit u.a.m. Wird Lernen als begründetes und interessengeleitetes Handeln im gesellschaftlichen Kontext verstanden, erfassen Perspektiven zum Einsatz von AI im Bildungssystem möglicherweise auch das pädagogische Handlungsfeld von Beurteilung und Benotung. Deshalb wurde an dieser Stelle exemplarisch ChatGTP von OpenAI schon einmal nach entsprechenden Empfehlungen und geeigneten Methoden der Leistungsbeurteilung und -benotung im Kunstunterricht befragt.[14]

> Per EduArt: *Create a reasonable recommendation on how art teachers can grade the performance of their students.*
>
> ChatGPT: *Art teachers can grade their students' performance in a variety of ways, depending on the specific assignment or project. One possible approach is to use a rubric or scoring guide that outlines the specific criteria that will be used to evaluate the students' work. The rubric should be shared with the students in advance, so that they are aware of what is expected of them.*
>
> *In addition to the rubric, art teachers can also provide feedback on the students' work through verbal or written comments. These comments should focus on the strengths and weaknesses of*

12 AI steht für artificial intelligence; deutsch: KI für Künstliche Intelligenz.

13 Auf die Begriffe artificial intelligence und Künstliche Intelligenz sowie deren ideengeschichtliche Genese und Problematiken kann hier nicht näher eingegangen werden.

14 Die Übermittlung der beiden Fragen an ChatGTP von OpenAI erfolgte am 7.1.2023.

the students' work, and should provide specific suggestions for improvement.

Another important aspect of grading art performance is to consider the students' progress over time. This could include tracking the students' development in specific skills or techniques, such as drawing, painting, or sculpture. Additionally, art teachers should consider the students' overall engagement and enthusiasm for the class, as well as their ability to work independently or as part of a group.

Ultimately, art teachers should strive to provide a fair and objective assessment of their students' performance, taking into account both their strengths and areas for improvement. This can be achieved by using a combination of different methods, including rubrics, feedback, and progress tracking. Additionally, art teachers should communicate regularly with their students, providing constructive feedback and encouragement throughout the semester or school year.

Per EduArt: *What is the most effective method for evaluating and grading students' performance in art classes?*

ChatGPT: *The most effective method for evaluating and grading students' performance in art classes is a combination of different techniques, including the use of a rubric or scoring guide, verbal and written feedback, and ongoing progress tracking. The rubric should be shared with the students in advance, outlining the specific criteria that will be used to evaluate their work. Feedback should focus on the strengths and weaknesses of the students' work and provide specific suggestions for improvement. Progress tracking should consider the students' development in specific skills or techniques, overall engagement, and enthusiasm for the class, as well as their ability to work independently or as part of a group. Communication between the teacher and student should be regular, providing constructive feedback and encouragement throughout the semester or school year.*

Literaturverzeichnis

Akademie der bildenden Künste Wien (2022): Bachelorstudien künstlerisches Lehramt für das Studienjahr 2022/23. Online unter: https://www.akbild.ac.at/Portal/studium/zulassungspruefungen/ba-studien-kuenstlerisches-lehramt [Zugriff: 13.1.2022].

Braun, Helga / **Weidinger**, Walter (Hg.) (2013): Editorial. In: Ders.: Erziehung und Unterricht. Österreichische Pädagogische Zeitschrift. 163. Jg. des Österreichischen Schulboten. Heft 9–10/2013. Öbdv., S. 771–772.

ChatGPT von OpenAI. Online unter: https://chat.openai.com/auth/login [Zugriff: 17.1.2023].

Europäisches Parlament (2021): Was ist künstliche Intelligenz und wie wird sie genutzt? Online unter: https://www.europarl.europa.eu/news/de/headlines/society/20200827STO85804/was-ist-kunstliche-intelligenz-und-wie-wird-sie-genutzt [Zugriff: 6.2.2023].

Friedt, Anton (1990): Keine Not mit der Note im Kunstunterricht. Kunstdidaktische Anmerkungen zur Leistungsmessung im Kunstunterricht und ein Experiment. In Friedrich Verlag (Hg.): Kunst und Unterricht. Zeitschrift für Kunstpädagogik. Heft 144, September 1990. S. 48–54.

Friedrich, Nadja / **Heim**, Helena (2019): Über die Gradwanderung von JunglehrerInnen beim Bewerten. In: Erziehung & Unterricht. Österreichische Pädagogische Zeitschrift. 169. Jg., Heft 9-10/2019, öbv, S. 881–891.

Gaus, Detlef / **Uhle**, Reinhard (2009): Liebe oder Nähe als Erziehungsmittel. In: Meyer, Christine / Tetzer, Michael (Hg.): Liebe und Freundschaft in der Sozialpädagogik: Personale Dimension professionellen Handelns. Wiesbaden: VS Verlag für Sozialwissenschaften, S. 23–43.

Helms, Dietrich / **Kerbs**, Diethart / **Neuenhausen**, Siegfried / **Otto**, Gunter / **Troike**, Walter (Hrsg.) (mit Ehmer, Hermann / Mordmüller, Gottlieb / Westhäußer, Christa / Ebert, Wilhelm / Zacharias, Thomas) (1968): Wie zensiere ich? Das

Problem der Zensur im Kunstunterricht. In: Friedrich Verlag (Hg.): Kunst und Unterricht. Zeitschrift für alle Bereiche der ästhetischen Erziehung. Heft 2, Dezember 1968. S. 28–32.

Keller, Florian (2014): Strukturelle Faktoren des Bildungserfolgs. Wie das Bildungssystem den Übertritt ins Berufsleben bestimmt. Wiesbaden: Springer.

Kirschenmann, Johannes / **Otto**, Gunter (1998): Werten, Begutachten, Ermutigen. Erneute Überlegungen zu den Zensuren im Fach Kunst. In: Friedrich Verlag (in Zusammenarbeit mit Klett, in Verbindung mit Grünewald, Dietrich / Kirchner, Constanze / Kirschenmann, Johannes / Otto, Gunter / Schulz, Frank / Wichtelhaus, Barbara) (Hg.): Kunst und Unterricht. Heft 223/224, Juni / August 1998. S. 100–107.

Otto, Gunter (1972): Anmerkungen zur aktuellen Problematik von Leistung und Zensur – nicht nur im Kunstunterricht. In: Friedrich Verlag (Hg.): Kunst und Unterricht. Zeitschrift für alle Bereiche der ästhetischen Erziehung. Heft 12, Juni 1972. S. 43–45.

Peez, Georg (Hg.) (2020): Beurteilen und Bewerten im Kunstunterricht. Kallmeyer-Klett: Hannover.

Peez, Georg (2009): Kunstpädagogik und Biografie: 52 Kunstlehrerinnen und Kunstlehrer erzählen aus ihrem Leben – Professionsforschung mittels autobiografisch-narrativer Interviews. Kopaed: München.

Peez, Georg (2008): Methoden der Leistungsbewertung im Kunstunterricht. Schroedel Kunstportal Forum. Online unter: https://georgpeez.de/bewerten-im-kunstunterricht-3/ [Zugriff: 25.1.2023].

Peez, Georg (2004): Beurteilen und Bewerten im Kunstunterricht. In: Friedrich Verlag (in Zusammenarbeit mit Klett, in Verbindung mit Grünewald, Dietrich / Kirchner, Constanze / Kirschenmann, Johannes / Schulz, Frank / Sowa, Hubert / Wichtelhaus, Barbara) (Hg.): Kunst und Unterricht. Beurteilen und Bewerten. Heft 287, 2004. S. 4–11.

Stehr, Werner (1973): Überlegungen und eine Aktion mit Berufsschülern zum Thema Leistung und Zensur. In:

Friedrich Verlag (Hg.): Kunst und Unterricht. Zeitschrift für alle Bereiche der ästhetischen Erziehung. Sonderheft 1973. S. 66–69.

Rechtsinformationssystem des Bundes (ris): Gesamte Rechtsvorschrift für Leistungsbeurteilungsverordnung 1974 [2023], Fassung vom 25.1.2023. Online unter: https://www.ris.bka.gv.at/GeltendeFassung.wxe?Abfrage=Bundesnormen&Gesetzesnummer=10009375 [Zugriff: 10.2.2023].

Rechtsinformationssystem des Bundes (ris): Gesamte Rechtsvorschrift für Schulorganisationsgesetz 1962 [2018], Fassung vom 31.8.2018. Online unter: https://www.ris.bka.gv.at/GeltendeFassung.wxe?Abfrage=Bundesnormen&Gesetzesnummer=10009265&FassungVom=2018-08-31 [Zugriff: 10.2.2023].

Rechtsinformationssystem des Bundes (ris): Gesamte Rechtsvorschrift für Schulunterrichtsgesetz 1986 [2023], Fassung vom 25.1.2023. Online unter: https://www.ris.bka.gv.at/GeltendeFassung.wxe?Abfrage=Bundesnormen&Gesetzesnummer=10009600 [Zugriff: 13.2.2023].

Rechtsinformationssystem des Bundes (ris): Gesamte Rechtsvorschrift für Lehrpläne – allgemeinbildende höhere Schulen. Fassung vom 25.1.2023. Online unter: https://www.ris.bka.gv.at/GeltendeFassung.wxe?Abfrage=Bundesnormen&Gesetzesnummer=10008568 [Zugriff: 13.1.2023].

Rechtsinformationssystem des Bundes (ris): Lehrplan des Gymnasiums unter besonderer Berücksichtigung der musischen Ausbildung. Ausgegeben am 2. Januar 2023. Online unter: https://www.ris.bka.gv.at/Dokumente/BgblAuth/BGBLA_2023_II_1/Anlagen_0013_F1AA7DA1_C4FF_4B8C_AC00_ABD9434C92EA.pdfsig [Zugriff: 25.1.2023].

Wagreich, Ulrike (2013): Brauchen wir Noten in künstlerischen Fächern? Leistungsbewertung und Leistungsfeststellung im Fach Bildnerische Erziehung. In: Braun, Helga / Weidinger, Walter (Hg.): Erziehung und Unterricht.

Österreichische Pädagogische Zeitschrift. 163. Jg. des Österreichischen Schulboten. Heft 9–10/2013. S. 849–859.

Wichert, Andreas (2000): Künstliche Intelligenz. In: Lexikon der Neurowissenschaft. Spektrum.de. Online unter: https://www.spektrum.de/lexikon/neurowissenschaft/kuenstliche-intelligenz/6810 [Zugriff: 6. 2. 2023].

Wiater, Werner (2015, 3. Auflage): Unterrichten und Lernen in der Schule. Eine Einführung in die Didaktik. Donauwörth: Auer Verlag.

Auf Seite 18 wird ein »Befriedigend« beschrieben.

Benotung »Zaungäste« von Seite 24/25:

Blatt	**4**	**5**	**6**	**11**	**13**	**18**	**19**
H. Ehmer	4	4	1	3	4	4	3
G. Mordmüller	4	5	2	3	4	3	2
Ch. Westhäußer	4	4	1	3	1	2	3

W. Ebert und Th. Zacharias haben die Benotung verweigert.

Biografien

Luise Kollars studiert *Kunst und Bildung* am Institut für das künstlerische Lehramt der Akademie der bildenden Künste Wien sowie Lehramt *Englisch* an der Universität Wien. Sie unterrichtet diese Gegenstände an einer Allgemeinbildenden Höheren Schule in Niederösterreich und schreibt an ihrer Masterarbeit zum Thema »Beurteilungspraxis im Kunstunterricht«.

Hans Krameritsch lehrt an der Pädagogischen Hochschule Wien sowie am Institut für das künstlerische Lehramt der Akademie der bildenden Künste Wien in den Lehramtsstudien für die künstlerisch-gestalterischen Unterrichtsfächer der Primarstufe und Sekundarstufe.

Anna Pritz lehrt und forscht am Institut für das künstlerische Lehramt der Akademie der bildenden Künste Wien im Fachbereich Kunst- und Kulturpädagogik an der Schnittstelle zur pädagogischen Praxis. Sie ist im Autor:innenteam des Schulbuchs *KUNST* für *Bildnerische Erziehung [Kunst und Gestaltung].*

Impressum

Per EduArt. Kunstpädagogische Materialien für Studium und Schule
ISSN: 2751-5893 (Print); 2751-5907 (Online)
Herausgeberinnen: Grit Oelschlegel, Elisabeth Sattler
Heft 4
ISBN: 978-3-946320-44-9 (Print); 978-3-946320-45-6 (Online)
Gestaltung: Martina Gaigg
Grafiken: © Hans Krameritsch

www.fabrico-verlag.de

Bibliografische Information der Deutschen Nationalbibliothek:
Die Deutsche Nationalbibliothek verzeichnet diese Publikation in der Deutschen Nationalbibliografie; detaillierte bibliografische Daten sind im Internet über http://dnb.d-nb.de abrufbar.

Die Publikation wurde aus Mitteln der Akademie der bildenden Künste Wien finanziert.